BEI GRIN MACHT SICH IHR WISSEN BEZAHLT

- Wir veröffentlichen Ihre Hausarbeit, Bachelor- und Masterarbeit

- Ihr eigenes eBook und Buch - weltweit in allen wichtigen Shops

- Verdienen Sie an jedem Verkauf

Jetzt bei www.GRIN.com hochladen und kostenlos publizieren

Anonym

Analyse des Gedichts "Nähe des Geliebten" von Johann Wolfgang von Goethe

GRIN Verlag

Bibliografische Information der Deutschen Nationalbibliothek:

Die Deutsche Bibliothek verzeichnet diese Publikation in der Deutschen National-
bibliografie; detaillierte bibliografische Daten sind im Internet über http://dnb.d-
nb.de/ abrufbar.

Dieses Werk sowie alle darin enthaltenen einzelnen Beiträge und Abbildungen
sind urheberrechtlich geschützt. Jede Verwertung, die nicht ausdrücklich vom
Urheberrechtsschutz zugelassen ist, bedarf der vorherigen Zustimmung des Verla-
ges. Das gilt insbesondere für Vervielfältigungen, Bearbeitungen, Übersetzungen,
Mikroverfilmungen, Auswertungen durch Datenbanken und für die Einspeicherung
und Verarbeitung in elektronische Systeme. Alle Rechte, auch die des auszugsweisen
Nachdrucks, der fotomechanischen Wiedergabe (einschließlich Mikrokopie) sowie
der Auswertung durch Datenbanken oder ähnliche Einrichtungen, vorbehalten.

Impressum:

Copyright © 2009 GRIN Verlag GmbH
Druck und Bindung: Books on Demand GmbH, Norderstedt Germany
ISBN: 978-3-640-36687-3

Dieses Buch bei GRIN:

http://www.grin.com/de/e-book/129897/analyse-des-gedichts-naehe-des-geliebten-
von-johann-wolfgang-von-goethe

GRIN - Your knowledge has value

Der GRIN Verlag publiziert seit 1998 wissenschaftliche Arbeiten von Studenten, Hochschullehrern und anderen Akademikern als eBook und gedrucktes Buch. Die Verlagswebsite www.grin.com ist die ideale Plattform zur Veröffentlichung von Hausarbeiten, Abschlussarbeiten, wissenschaftlichen Aufsätzen, Dissertationen und Fachbüchern.

Besuchen Sie uns im Internet:

http://www.grin.com/

http://www.facebook.com/grincom

http://www.twitter.com/grin_com

Bergische Universität Wuppertal

FB A: Geistes- und Kulturwissenschaften

Germanistik / DGS

Seminar: Texte über Liebe

Wintersemester 2008/2009

Gedichtsanalyse

Johann Wolfgang von Goethe: Nähe des Geliebten

Inhaltsverzeichnis

1. Einleitung

„Nähe des Geliebten" ist ein von Johann Wolfgang von Goethe 1795 verfasstes Kurzgedicht. Es beschreibt die Liebe und die Sehnsucht zu einer entfernten Person. Das Gedicht ist an das Gedicht „Ich denke dein" angelehnt, welches von der zu damaliger Zeit bekannten Dichterin Friederike Brun verfasst wurde. Ein Freund Goethes, der Komponist Carl-Friedrich Zelter (1758-1832), schrieb dazu eine Melodie. Im Jahr 1799 wurde „Nähe des Geliebten" von Ludwig van Beethoven vertont, 1834 auch von Josephine Lang (Opus 5). Es zählt zu den bekanntesten musikalisch aufbereiteten Gedichten Goethes.

2. Epocheneinordnung

Die Einordnung des Gedichts in eine Epoche fällt aus zweierlei Gründen nicht ganz leicht: Zum Einen ist Goethe einer der prägenden Literaten der Klassik, insbesondere seine Weimarer Zeit führte (nur in Deutschland) zu einem sich zum Ende der Aufklärung bildenden Literatureinschnitt, der Epoche des Sturm und Drang. Daher wäre das Gedicht in die Epoche der Klassik einzuordnen. Gleichzeitig begann sich die Romantik zu etablieren. Historisch fallen die Anfänge der Romantik in die Zeit der Hochklassik, etwa 1795. Somit ist die Einordnung nur mit Hilfe der Betrachtung des persönlichen Bezugs Goethes zu diesen parallel bestehenden literarischen Strömungen möglich. Goethe war den neuen romantischen Autoren gegenüber aufgeschlossen[1] (im Gegensatz zu Schiller) und sah in der Romantik die Geisteshaltung jener Zeit in ihrer Reinform. Zum Ende der Aufklärung rückte auch in der Literatur die Entwicklung von wahren Werten und Selbstbestimmung in den Fokus. Goethes „Nähe des Geliebten" ist somit in dieser Mischepoche als Bindeglied zwischen althergebrachter Dichtkunst und sich (wieder) entwickelnder emotionaler Literatur zu werten. Die Natur ist dabei die vereinende Größe, welche in der Romantik zum zentralen Motiv aufsteigt.[2] Die Symbolik von „Mond", „Sonne" und „Meer" sind sinnbildlich für das Bestreben nach harmonischer

Übereinstimmung von Gemütszustand und Verstand und dem Drang nach seelischer und emotionaler Vollkommenheit. In Goethes „Nähe des Geliebten" lässt sich das lyrische Ich in eine Welt aus Phantasie und Gefühl fallen, in der die realen Sehnsüchte dadurch erfüllt werden, dass das Naturerlebnis an Stelle der Gegenwart des fernen Geliebten tritt.

---

[1] Achim von Arnims und Clemens Brentanos „Des Knaben Wunderhorn" wurde von Goethe nicht nur hoch gelobt, er fügte auch Textteile eigens hinzu. Das Werk gilt als eine Art „Aushängeschild" der Romantik.
[2] E.T.A. Hoffmanns „Der goldene Topf" drückt diese Tendenz in besonderem Maße aus.

3. Inhaltlicher Aufbau und Formanalyse

Das Gedicht ist vierstrophig jambisch aufgebaut und erhält durch die in allen vier Strophen in durchgehend reinen Kreuzreimen angeordneten Verse eine melodische und dem Lesefluss zuträgliche Struktur. Männliche und weibliche Kadenzen wechseln sich ab, zu Beginn steht eine weibliche. Es handelt sich, obwohl nicht volkstümlich, um ein Liebesgedicht mit liedhaftem Charakter. Diese Einordnung der Gedichtsform wird auch durch die spätere musikalische Bearbeitung unterstützt. Zeitform des Gedichts ist das Präsens, der Sprachstil ist, der Zeit und der Gedichtsform angemessen, altmodisch und emotional. Auffällig sind der durchgehende Gebrauch von Nebensatzkonstruktionen (Zeile 5; „ich sehe dich, wenn dort mit dumpfem Rauschen die Welle steigt.") sowie zahlreiche –regelmäßig angeordnete– Enjambements (Zeilen 1 - 2 / 3 - 4 / 5 - 6 / 7 – 8 / 9 - 10).

In den vier Strophen mit je 4 Versen wechseln sich jeweils lange mit kurzen Zeilen ab, jeder zweite Vers beginnt mit „Ich denke dein / ich sehe dich". Dieses Schema wurde von Friederike Bruns „Ich denke Dein" übernommen. Der Titel „Nähe des Geliebten" lässt vermuten, dass es sich beim lyrischen Ich um eine weibliche Person handelt.

Das lyrische Ich beschreibt durch alle Strophen hindurch die Sehnsucht und gefühlte Nähe zum Geliebten, die trotz offensichtlicher räumlicher Distanz sehr groß ist. Im Detail werden verschiedene Situationen genannt, in denen an den Geliebten gedacht wird und sich das lyrische Ich diesem trotz dessen Abwesenheit besonders verbunden fühlt. Bereits die erste Strophe beschreibt die gefühlte Sehnsucht und betont diese Nähe, die den ganzen Tag über anhält („…wenn mir der Sonne Schimmer… „/ „…wenn sich des Mondes Flimmer…").

In den Strophen zwei und drei steigern sich die Gefühle in phantasievolle Empfindungen, die in Sinneswahrnehmungen zum Ausdruck gebracht werden.

Das lyrische Ich wähnt den Geliebten zu sehen und zu hören („…sehe dich, wenn auf dem fernen Wege…" / „…höre dich, wenn dort im dumpfen Rauschen…"). Die innigen Gefühle scheinen die Sinneswahrnehmungen zu beeinflussen.

Die finale vierte Strophe bekräftigt die Empfindungen von Nähe und auch Geborgenheit und stellt die Distanz zum Geliebten als bedeutungslos für die wirkliche Liebe dar. Die gefühlte Verbundenheit setzt sich über die reale Entfernung hinweg und spendet, gerade auf Grund der Entfernung, Trost und Wärme („…du seist auch noch so ferne, Du bist mir nah!"). Gleichsam wird deutlich, dass die Realität nicht durch Gefühle zu überwinden ist. Mit

4

dem Untergang der Sonne, deren Licht die wärmenden Gefühle metaphorisch zum Ausdruck bringt, wird sich das lyrische Ich der Realität bewusst und beklagt das physische Fehlen des Geliebten („Die Sonne sinkt, bald leuchten mir die Sterne. O, wärst du da!).

4. Sprachliche Mittel

Goethe machte sich das Stilmittel der Alliteration bekanntermaßen oft zu Eigen (wie auch Enjambements und Anaphern). Auch in „Nähe des Geliebten" ist dies der Fall. Lesefluss und -geschwindigkeit werden dem Leser dadurch unbemerkt vorgegeben: Die „Lesemelodie" erscheint sehr natürlich. Die variierten Versanfangswiederholungen („Ich denke dein" / „Ich sehe Dich" / „Ich höre Dich") verstärken diese liedhafte Wirkung.[3] Solche Anaphern stärken zudem das Gefühl für die beschriebenen Situationen.

Metaphorische Umschreibungen („Vom Meere strahlt" / „In Quellen malt" / „Der Wanderer bebt") schaffen eine gefühlsbetonte Atmosphäre. Der Leser wird unbewusst dazu bewegt, sich die Bilder vorzustellen und somit eine tiefere und lebhaftere Beziehung zum Text aufzubauen. Auch die Verwendung von leichten Personifikationen („des Mondes Flimmer In Quellen malt" / „der Sonne Schimmer vom Meere strahlt") dient diesem Zweck. Die Verwendung konjunktivisch markierter Formen („Du seist auch noch so ferne" / „O wärst du da") verstärkt durch deren Auflösung („Du bist mir nah!") die sehnsüchtig herbeigewünschte Nähe , die an der Realität (der Ferne) vorbei dennoch gefühlt wird. Diese Verrückung der Realität wird auch durch die Ansammlung von Verben der Sinneswahrnehmung erzeugt: Das lyrische Ich „sieht", „hört" und „fühlt" die Nähe des Geliebten und bewegt sich damit zwischen Illusion und Wirklichkeit.

5. Biographische Bezüge

Das Gedicht 1795 verfasste Werk ist angelehnt an „Ich denke dein" von Friederike Brun und ist diesem Gedicht sowohl in der Art der Gedichtsstruktur wie auch der Stilmittel ähnlich. Goethe erachtete die Arbeit Bruns als nicht ausgereift und überarbeitete das Gedicht. Die Komposition Carl-Friedrich Zelters stellte für ihn eine zusätzliche Verstärkung der künstlerischen Aussagekraft dar. Die freundschaftliche Verbindung zwischen Goethe und Schiller, welche in regem Briefwechsel der beiden zum Ausdruck kommt, lässt Spekulationen über Schiller als möglichem Adressaten zu. Dies ist angesichts der zu damaliger Zeit durchaus üblichen liebesähnlichen Verbindungen zwischen Literaten nachzuvollziehen. Hierzu bietet sich

---

[3] Bis in heutige Zeit werden, vor allem bei Liedtexten, Wiederholungen (Refrains) zur Betonung wichtiger Inhalte und für einen besseren Wiedererkennungswert eingesetzt.

ein Vergleich mit dem Verhältnis zwischen Achim von Arnim und Clemens Brentano zu früh- und hochromatischer Zeit an.

Goethe und Schiller lernten sich 1794 kennen. Die charakterlichen und weltanschaulichen Gegensätze waren zugleich Kern und Quell ihrer tiefen Freundschaft. Der eher emotional-philosophisch der Antike zugeneigte Schiller, und im Gegensatz dazu der pragmatisch und rational handelnde Goethe ergänzten sich gerade wegen dieser differenzierten Lebensauffassungen. Mit der Freundschaft entwickelte sich eine intensive Zusammenarbeit, die weder durch räumliche noch doch literarisch-kritische Distanz zueinander litt. Das Thema Distanz spiegelt sich denn auch in „Nähe des Geliebten" wieder.

6. Bewertung

Goethe bedient sich in „Nähe des Geliebten" der Verbildlichung von Phantasie, um das Thema Sehnsucht und Vermissen darzustellen. Die innige Liebe zu einer Person wird durch Naturverbundenheit und sensibles Darstellen von den damit verbundenen Gefühlen zu Ausdruck gebracht. Die unkomplizierte und direkte Art und Weise, Gefühle und Sehnsucht zu äußern, versetzen den Leser (auch mich) in die konkrete Situation des ergriffenen „Mitfühlens". Obwohl es sich um Phantasie und Gedankenspielerei handelt, ist sich der Leser der Realität doch bewusst. Es ist ein schlicht und einfach „schönes" Liebesgedicht, welches einem beim Lesen in einsamen Stunden immer wieder die eigene Emotionalität vor Augen führt. Und wer kennt es nicht: das Gefühl, jemanden so ungemein zu vermissen, dass man sich jegliche Situation mit Ihr/Ihm vorstellt und dabei so etwas wie „Glück" empfindet.

Anhang

Friederike Brun (1765-1835)

Ich denke dein

Ich denke dein, wenn über Roms Ruinen
Die Sonne sinkt!
Vom Abendroth durch Eichengrün beschienen
Die heil'ge Tiber blinkt!

Dein denk' ich, wenn der grauen Vorwelt Schauer
Der Hall' entschwebt!
Des Eppichs Netz an hoher Riesenmauer
Im Mondstrahl silbern bebt!

Wenn in der Pinie ernstem Säulentempel
Mein Aug' erquickt,
Betrachtung, Tiefsinn, eueren hehren Stempel
Rings um sich her erblickt!

Dort an des Grabes ew'ger Piramide
Warst du mir nah!
Mir nah als ich Orest der Eumenide
Geweiht, voll Wehmuth sah!

Electra's hoher Sinn, und Weibesmilde
Mich tief durchdrang!
Des Griechen Geist mir aus dem Marmorbilde
Wie Saitenton erklang!

Im Lorbeerwald, wo die Zipresse dunkelt,
Im Mirthenhain
Wenn über mir des Himmels Bogen funkelt
Denkt meine Seele Dein!

Ach dein, wenn über Tod, und Grab, und Erde,
Mein Geist sich schwingt!
Des Schöpfers zweyter Allmachtsruf es werde
Auch meine Gruft durchdringt.

Wenn Nemesis, was strenge du gefodert
Ist abgebüßt -
Und Psyche, der nicht mehr die Fackel lodert,
Vergelterin dich grüßt!

Johann Wolfgang von Goethe (1749-1832)

Nähe des Geliebten

Ich denke dein, wenn mir der Sonne Schimmer
vom Meere strahlt;
Ich denke dein, wenn sich des Mondes Flimmer
In Quellen malt.

Ich sehe dich, wenn auf dem fernen Wege
Der Staub sich hebt;
In tiefer Nacht, wenn auf dem schmalen Stege
Der Wandrer bebt.

Ich höre dich, wenn dort mit dumpfem Rauschen
Die Welle steigt.
Im stillen Haine geh' ich oft zu lauschen,
Wenn alles schweigt.

Ich bin bei dir; du seist auch noch so ferne,
Du bist mir nah!
Die Sonne sinkt, bald leuchten mir die Sterne.
O, wärst du da!

Literaturangabe:

Boesch, Bruno: *Deutsche Literaturgeschichte in Grundzügen*, Bern, München 1961

Frank, Horst J.: *Wie interpretiere ich ein Gedicht?*, Tübingen, Basel 2003

Krah, Hans: *Einführung in die Literaturwissenschaft / Textanalyse*, Kiel 2006

Lavalette, Robert: *Literaturgeschichte der Welt*, München 1954